EL MUNDO ENTRE SOMBRAS

EL MUNDO ENTRE SOMBRAS

JON BERRUEZO

Valparaíso
EDICIONES

Número 548 de la Colección VALPARAÍSO DE POESÍA
dirigida por FEDERICO DÍAZ-GRANADOS

Diseño de colección y portada: Chari Nogales
Maquetación: Carlos Henson

Primera edición: enero de 2026

© De los poemas: Jon Berruezo
© Imagen de portada: Jon Berruezo

© Valparaíso Ediciones
C/ Fray Leopoldo, 7 bajo, 18014 Granada
www.valparaisoediciones.es

ISBN: 979-13-88007-28-6
Depósito Legal: GR 1846-2025

Impreso en España - *Printed in Spain*
Gráficas Gami

EL MUNDO ENTRE SOMBRAS

Para usted.

DAR A LUZ

La vida me expulsó de su útero.
Llámame muerte.

VARIANTE

La pieza más letal del tablero se viste de gris.

ABANDONO

Traiciónate y el espejo
te dará la espalda.

FILO

La sonrisa del jaguar es una muestra de poder.

ELEFANTE

El talento se acuesta en Roma. El esfuerzo cruza los Alpes.

CRONONAUTA

Viajar al pasado y no ver a nadie conocido. Ni siquiera a uno mismo.

HUÉRFANA

La hidra se cortó la cabeza para tener compañía.

PUBERTAD

—No tenemos nada en común —le dijo la mariposa a la oruga.

ORÁCULO

El destino es un inseguro.

MIASIS

El humo es el estado gaseoso de lo que no decimos.

MUTANTE

Te quiero para la versión de mí mismo que aún
no soy.

INDÓMITA

El lomo de la verdad no acepta jinetes.

JARDÍN

La adultez del niño indica la ausencia.
La niñez del adulto la abundancia.

IMPÍO

Si no muestras clemencia al mar, no esperes que el ojo del huracán parpadee.

RETROFUTURO

Los coleccionistas temen al futuro.
Los modernos no respetan el pasado.

UMBRAL

Los enigmas se muestran lo justo.
Lo justo para poder ser enigmas.

PROTESTO

—Ojalá la verdad no fuera tan convincente—
dijo el acusado.

PULSIÓN

El lobo debe comer.
El asesino solo quiere manchar sus colmillos.

NEGOCIO

Mientras el mentiroso vende humo,
el sincero regala hormigón.

MUTISMO

Cuando la vi, me quedé sin palabras.
Fue entonces cuando aprendí a leer.

MANZANA

Quien aspira a comerse el mundo, aspira a morir envenenado.

QUID PRO QUO

Carbono a cambio de oxígeno,
ese es el único contrato.

DUELO

Caminar para pisar la sombra de alguien ausente.

LÍMITE

Al borde del abismo nadie te puede comer terreno.

CROMÁTICO

El tiempo destiñe el color del romance.
Pero también el del luto.

OASIS

La sed de soledad se sacia en el desierto.

AMORFO

Si existe un retrato de Dios, Dios no existe.

CIFRADO

La gente más tímida pestañea en morse.

APOCALIPSIS

Querer ver el mundo arder implica quemarse
los ojos.

ARENA

El futuro permanece perfecto.
Mientras no se recorra.

ESCLAVO

Ningún arquitecto construye coliseos como
la ansiedad.

NARCISISMO

Verte reflejado en las pupilas de quien
tienes delante.

COLMILLO

El orgullo prefiere la boca del lobo al refugio.

MATRIMONIO

—Hasta que la muerte nos separe.
—¿La nuestra o la de
nuestro amor?

HÁBITO

Para algunas personas, su cuerpo es un templo.
Para otras, un lienzo.

CAUTIVERIO

La jaula le borró las
rayas al tigre.

PARADIGMA

El ser humano no comprende que hay cosas que
no comprende.

SEMINUEVO

Que esta pata de conejo nos traiga más suerte que a
su anterior dueño.

ÍDOLO

El silencio es la perfección a la que aspira el sonido.

LANZA

La empatía es un método de caza.
Me lo enseñó un humano.

CONSTRUCTO

Para los adultos, los castillos de arena son arena.
Para los niños, son castillos.

MODESTIA

La oscuridad nunca ha buscado lucirse.

DEVORADORA

La comida favorita de la gran ciudad son
los sueños.

ORO

La soberbia se cree el mejor de los pecados.

MELANCOLÍA

No hay nada más afilado que la bañera de
alguien triste.

MOMIA

El latín es una lengua muerta.
La sinceridad nunca ha tenido el placer
de estar viva.

TÍMIDO

El iceberg escondió la mayor parte de su talento.

PÉTREO

En el pozo de los deseos solo vi monedas.
Monedas, muerte y perversión.

OLIMPO

Todos fuimos dioses en el pasado.
En la tierra lejana a la que llaman vientre.

VAMPÍRICO

Ciertos amantes son como las sombras.
Fieles hasta la caída de la noche.

VITRINA

Si arrancas un corazón para comprobar que late,
dejará de hacerlo.

CUPIDO

Los defectos pueden ser mayores afrodisíacos que
las virtudes.

CERBERO

—Dicen que soy un falso.
—¿A cuál de tus
versiones se lo dicen?

FANTASÍA

La dieta del infeliz se basa en comer ideas.

DRAGÓN

La bestia más peligrosa es la que niega ser una.

REFLEJO

A las personas como yo no le gustan las personas
como yo.

PRESAGIO

La calma que precede a la tormenta puede ser peor
que la propia tormenta.

TEMPLO

Si deseas conocer al dios de la paciencia, busca al dios de la venganza.

RESIDENCIA

El poder habitó en la sombra.
Ahora, la sombra habita en el poder.

RÉPLICA

La verdad y la mentira son gemelas.
Y la segunda suele ser más fotogénica.

ESCUDO

La negación es el mecanismo de defensa
del indefenso.

ARTISTA

En ocasiones, la gente creativa es la más destructiva.

JUEZ

Las agujas del reloj tienen dos funciones: dar
puntos de sutura y degollar yugulares.

RÉMORA

La culpa no tiene piernas. Arrástrala o déjala en el camino.

ÍCARO

Quien mire en exceso al sol, dejará de
poder hacerlo.

DESAGÜE

La única persona incapaz de arrepentirse es
un suicida.

AUTORÍA

El ser humano es un subproducto de Dios
y viceversa.

SIMBIOSIS

Hacer que dos cuerpos sean uno, para traer
un tercero.

PIEL

El fetiche de la traición es hacerlo de espaldas
y a oscuras.

NUCLEAR

El futuro nos querrá maldecir, pero la radiación no
le dejará abrir la boca.

MORTAL

Las personas como tú están destinadas a morir.

TÉRMICO

El amor y el odio son la misma agua
a diferentes temperaturas.

LÁPIDA

Los tambores de la guerra no avisan al centinela,
sino al florista.

PARENTESCO

Si la serpiente te mira es porque tu rostro
se le hace familiar.

PERIODISMO

Las cicatrices narran mejor las historias que
sus portadores.

VISIONARIO

Las personas son tan predecibles que ya sé cómo
voy a morir.

JUGUETE

Dale cuerda a la muñeca y adquirirá conciencia.
Dale más cuerda y se colgará del techo.

LISIADO

Mi mundo estaba patas arriba, así que se las corté.

EXTRAÑO

Diría que te conozco pero aún no te he
visto sangrar.

DESENLACE

—Has leído esta historia cientos de veces.
—Quiero estar ahí cuando
el final cambie.

PIONERO

El primer monstruo del mundo fue el creador del
primer monstruo.

REPUTACIÓN

El rey de la pecera es al que más asusta el océano.

ESCULTOR

Me enamoré de mí mismo. De la versión de ti que
yo había creado.

LABERINTO

Un indeciso no puede equivocarse eligiendo.

AMARGA

El peso de la verdad cae sobre las comisuras de
los labios.

PASTOR

La jauría sirve para cazar.
No para designar la presa.

PUBLICITARIO

La suerte es el nombre comercial de
la conveniencia.

FREUDIANO

Tu deseo es inmortal y caprichoso.
Al contrario del objeto al que crees desear.

ATENTO

Para el paranoico jamás existirá la traición.

TORTURA

Condenado a rayar el diamante,
terminó disfrutando.

NIEBLA

No hay nada más misterioso que algo pendiente
de existir.

OBSERVATORIO

Unos suben a la cima por las vistas. Otros para mirar a quienes están debajo.

FACHADA

Confundir amabilidad con debilidad es signo de debilidad.

PACTO

Los juramentos contraen cáncer.
Las promesas, Alzheimer.

ABRAZO

Al contrario que los focos, las sombras aceptan a la gente tal y como es.

ENFERMO

La angustia era infinita.
Remitió cuando aceptó que era infinita.

ENSORDECEDOR

Las orejas adoctrinadas tienden a perder audición.

PERPETUA

Definí al infierno como la ausencia de mortalidad.

MONTAÑA

No era un eclipse.
Era la sombra de alguien dañado.

AZOTEA

Tenía miedo a las alturas.
Tenía miedo de caer enamorado.

CORTISOL

Hay más ciclones en las sienes que en los océanos.

METEREOLOGÍA

La crítica es líquida.
La cuestión es elegir entre ante o poliéster.

CRONOS

El presente es eterno.
Hasta este instante.

LUX

La luz brilla más en un cuarto oscuro.
Por eso el notable era feliz entre mediocres.

AUSCULTAR

—¿Dónde te duele?
—Aquí dentro —le dijo al psicólogo.

BUFÓN

El comediante nunca terminó de verle la gracia
al mundo.

CENIZAS

El impulso de reconstruir algo suele ser el deseo de volverlo a romper.

ROJO

La ciudad del amor nunca ha existido.
El amor, tal vez.

CIEGA

La venganza quemó el castillo, aun sabiendo que dormiría sobre fango.

FE

Acto de subir los escalones de una escalera infinita.

PADRE

Creo haber descifrado el universo.
Al menos, aquel que me he inventado.

ÍGNEO

El fuego devolvió los objetos a su dueño original.

COSMOS

La imaginación es una manzana con agujeros de
gusano a otras galaxias.

ADN

El rasgo menos característico de un humano
es su humanidad.

SUPERFICIE

Exhibir el envoltorio en público o disfrutar del
caramelo en privado.

TALLER

La nuca del horizonte es el lienzo en blanco
de Dios.

DORMILÓN

Si tenía la conciencia tranquila era por desconocer
su significado.

EMISARIO

Las plegarias son para el que las pronuncia.
La luna no aúlla de vuelta al lobo.

CUADRO

El arte es la liga profesional de la emoción.

ESFERA

Hay cabezas vacías.
Tan vacías que no les cabe más vacío.

MADUREZ

El niño juega y rompe.
El joven rompe.
El viejo observa.

LIGERO

Por el deseo de volar, muchos dejan su alma
en el suelo.

TÊTE-À-TÊTE

Quien huye del silencio huye de sí mismo.

PAÑO

Empapado en odio, se secó con lágrimas.

VERDUGO

Cuando muera, haz conmigo lo que te plazca, salvo volver a matarme.

CIERVO

Definir algo es el intento fallido de rodearlo.

COLUMNA

Doscientos seis huesos y ninguno sirve para
soportarse a uno mismo.

TENDENCIA

Las ovejas siempre creen que la lana está de moda.

ATÓMICA

Si esto es la luz, creo que prefiero la oscuridad, dijo
tras detonarla.

PERCHA

Tenía el armario lleno de almas.
Una para cada día.
Era un desalmado.

HAMBRE

El ansia de vivir puede conducir a ansiar la muerte.

METAL

Suplicar por oro no da derecho a exigir cobre.

HUMILDAD

Hasta un gigante puede buscar sombra bajo
un bonsái.

ONÍRICO

Soñar es la expresión de querer dejar de soñar.

ARTILLERÍA

Discutir con la ignorancia es enfrentarse a un
ejército infinito.

TRAMO

Siempre la quiso.
Siempre que el significado de siempre no
volviera a cambiar.

LLUVIA

Reír es la forma más común de depresión.

LADRONA

Encontré mi mirada perdida en los ojos de otra persona.

BIFURCACIÓN

Ni un rey siamés logra unir dos caminos.

DILATACIÓN

El tiempo hace lentas a las personas.
La gravedad se lo hace al tiempo.

LEÑA

Quejarse del asfalto y apoyarse en él para talar el árbol.

VACÍO

El insaciable conoce un atajo a la destrucción.

INSEGURO

Manchar la perla del otro para que se parezca
a la de uno.

SEÑUELO

La corona no se posa en el poder.
La posa el poder.

TABLERO

Honra a la hormiga y atraerás a las hienas.
Honra a las hienas y
alejarás a la hormiga.

APNEA

Bucear en uno mismo para ir hacia arriba.

ORIGEN

Volver al volcán para refrescar la memoria.

QUIMERA

Una bestia no cae ante una espada, sino ante un abrazo.

CREADOR

No hay nada más paciente que el infinito. Siempre a la espera del escritor.

EPÍLOGO

Puede que veamos el fin del mundo, pero no el fin del fin del mundo.

ÍNDICE